FICHE DE LECTURE

DOCUMENT RÉDIGÉ PAR MAËL TAILLER
MAITRE EN LANGUES ET LITTÉRATURES FRANÇAISES ET ROMANES
(UNIVERSITÉ DE LIÈGE)

Des souris et des hommes

JOHN STEINBECK

lePetitLittéraire.fr

John Steinbeck
Écrivain américain

- **Né en 1902 à Salinas (Californie)**
- **Décédé en 1968 à New York**
- **Quelques-unes de ses œuvres :**

  Des souris et des hommes (1937), roman

  Les Raisins de la colère (1939), roman

  À l'est d'Eden (1952), roman

John Ernest Steinbeck (1902-1968) est un écrivain américain dont les romans (*Des souris et des hommes*, 1937 ; *Les Raisins de la colère*, 1938 ; *À l'est d'Eden*, 1952, etc.) ont pour point commun un ancrage dans sa Californie natale et les conditions de vie difficiles des populations rurales. Reporter pour l'*International Herald Tribune* durant la Seconde Guerre mondiale, Steinbeck reçoit le prix Nobel de littérature en 1962. Plusieurs de ses romans ont été adaptés au cinéma et ont contribué à sa popularité.

Des souris et des hommes
L'homme est un animal comme les autres

- **Genre :** roman
- **Édition de référence :** *Des souris et des hommes*, traduit de l'anglais par Maurice-Edgar Coindreau, Paris, Gallimard, coll. « Folio », 1955, 192 p.
- **1re édition :** 1937
- **Thématiques :** amitié, rêve, Grande Dépression, violence, mort

Des souris et des hommes, publié en 1937, évoque le séjour de deux travailleurs agricoles inséparables, Lennie Small (un géant attardé à la force prodigieuse) et George Milton (un petit homme vif d'esprit) dans un ranch du Sud de la Californie. Ils rêvent d'économiser de l'argent pour pouvoir acheter leur propre ferme et ainsi vivre simplement. Mais la violence inhérente à l'univers dans lequel ils évoluent va faire de Lennie, bourreau bien malgré lui, l'assassin de la femme de Curley, le fils du patron.

RÉSUMÉ

UN NOUVEAU TRAVAIL

Deux travailleurs saisonniers, Lennie, un géant attardé, et George, petit et vif, se sont sauvés d'un ranch de Weed, un village du Nord des États-Unis. À présent, ils marchent dans la campagne californienne à proximité de Soledad, un patelin perdu du Sud. George décide de s'arrêter au bord de la rivière pour y passer la nuit et de se rendre le lendemain au ranch voisin pour travailler afin de gagner la somme nécessaire à la création de leur ferme.

En faisant chauffer des boites de haricots, George met en garde son compagnon : s'ils veulent un jour réaliser leur rêve et vivre dans leur propre ferme avec l'argent qu'ils auront amassé, Lennie doit bien se comporter. Par conséquent, il faut qu'il arrête de garder une souris morte en poche, qu'il s'éloigne des filles et surtout qu'il se taise. Il faut dire que Lennie a eu une enfance difficile. Orphelin, il a été élevé par une certaine Clara dans une petite ville appelée Auburn. Désormais, il s'en remet à George pour guider son existence.

Le lendemain, dans le dortoir du ranch, ils font successivement la connaissance de Candy (un vieil homme de corvée), du patron, de son fils et de Curley, un petit homme nerveux et arrogant qui, d'emblée, tente de les intimider. Une fois ceux-ci sortis du dortoir, Candy les met en garde contre Curley (« Curley ne court jamais de risques, il gagne toujours », p. 66) et contre sa femme, « qui n'a pas froid aux yeux » (p. 65). Comme pour confirmer les dires de son mari, celle-ci vient à leur rencontre en prétendant chercher son mari.

George, inquiet, fait de nouvelles recommandations à Lennie avant que Carlson et Slim, deux saisonniers, entrent à leur tour. La chienne de Slim vient de mettre bas et Lennie tient absolument à avoir un chiot pour pouvoir le caresser. Slim accepte de leur en donner un.

Pendant les pauses, les saisonniers jouent à lancer des fers à cheval le plus près possible d'un clou ; celui qui parvient à l'atteindre remporte la partie et l'argent mis en jeu. Alors que les autres jouent, Slim discute avec George dans le dortoir. Ce dernier lui parle de l'enfance difficile de Lennie et évoque également leur fuite de Weed.

Carlson entre peu après et incite Candy à tuer son chien qui sent mauvais et se traine toute la journée : le vieil homme finit par céder, et Carlson sort avec l'animal sénile. Curley fait alors irruption : il cherche sa femme. Tous le suivent sauf Lennie, Candy et George. Lorsque George évoque la future ferme qu'ils auront avec Lennie, Candy, seul au monde, se joint à leur projet.

Un peu plus tard, Curley rentre en s'excusant auprès de Slim, qui est lassé de sa jalousie maladive. Se vengeant alors sur Lennie, Curley le provoque et le frappe : Lennie encaisse, ne sachant s'il a le droit de réagir. Mais, lorsque

George lui dit d'attaquer, il brise littéralement la main de son agresseur. Lennie est affolé : il a peur que leur rêve ne puisse plus se réaliser.

UN RÊVE HORS D'ATTEINTE

Samedi soir, alors que George et les autres sont partis au bordel de la mère Suzy, Lennie entre dans la sellerie où dort Crooks, le palefrenier noir et infirme. Incapable de tenir sa langue, il parle de leur projet, bientôt rejoint par Candy, qui se mêle à la conversation. Crooks est intéressé, mais il ne croit pas qu'ils réaliseront un jour leur rêve : « J'ai jamais vu personne le faire. » (p. 130)

Feignant à nouveau de chercher son mari pour pouvoir causer, la femme de Curley intervient, et demande ce qui est arrivé à la main de son époux. Candy, puis Crooks, s'emportent quand elle se met à taquiner Lennie et à parler d'eux comme de vulgaires clochards. Forte de sa position, elle les réduit au silence car, après tout, leur avis importe peu : « Personne ne vous écouterait. » (p. 136) George rentre alors, furieux que Lennie n'ait pas pu garder leur secret.

Un jour, en fin d'après-midi, Lennie reste seul dans l'écurie devant un chiot mort pendant que les autres jouent aux fers. Il essaie de le dissimuler : si George le découvre, il n'aura sans doute plus le droit de soigner les lapins qu'ils auront dans leur ferme. La femme de Curley vient discuter avec lui. Il tente de résister, mais cède rapidement à la parole. Elle-même se confie : elle voulait être actrice, mais elle s'est résignée à épouser Curley. Lennie, de son côté, lui avoue qu'il aime caresser les choses douces et, voulant toucher ses cheveux, elle recule un peu, puis se ravise. En effet, elle ne voit en lui rien d'autre qu'un « grand bébé » (p. 151) : elle l'invite finalement à lui caresser les cheveux.

Mais Lennie commence à la caresser de plus en plus brutalement et, la jeune femme, cédant à la panique, hurle : celui-ci voit rouge. Affolé, il tente de la faire taire et finit par lui briser la nuque accidentellement. Candy, puis George, rentrent alors et découvrent le corps inerte de la jeune femme. Ils savent que leur rêve est détruit, que c'est Lennie qui a tué la femme de Curley et que celui-ci va vouloir le lyncher. Parti voler le pistolet de Carlson, George feint d'arriver sur les lieux en même temps que Curley et les autres, qui viennent de découvrir le cadavre. Le verdict est sans appel : Lennie est condamné à mort, malgré les tentatives de George pour tempérer Curley et défendre son ami.

Lennie retourne au bord de la rivière, comme George le lui avait conseillé si les choses venaient à mal tourner. Il se sent coupable et imagine que sa tante et un lapin géant viennent le réprimander. George le retrouve. Il l'amadoue en lui reparlant de leur ferme et lui dit que ce n'est pas de sa faute. Mais il sort le fusil et, à contrecœur, la main tremblante, il loge une balle dans la nuque de son ami. Lorsque les autres arrivent, ils voient le cadavre de Lennie et George, assis sur la rive, silencieux et « très raide » (p. 174). Slim s'approche alors de lui et lui propose d'aller prendre un verre. Curley et Carlson, quant à eux, ne comprennent pas leur douleur.

ÉTUDE DES PERSONNAGES

Dans ce roman à l'architecture simple et efficace, il est aisé d'établir une hiérarchie des personnages, en fonction de leur niveau de pouvoir, qui régit leurs attitudes et leurs actes. Du plus puissant au plus faible, on distingue :

LE PATRON

Le patron est un petit homme trapu qui fait peu de cas de ses employés pourvu qu'ils travaillent. Il incarne l'autorité, mais il n'intervient qu'une fois dans l'histoire.

CURLEY

Comme son père, dont il tire tout son pouvoir, Curley se distingue des saisonniers par ses vêtements : il porte des bottes à hauts talons ainsi qu'un gant plein de vaseline à la main gauche, « pour (la) conserver [...] bien douce pour sa femme » (p. 64).

Provocateur et jaloux, il passe son temps à rappeler aux saisonniers sa position et à courir après sa femme. Arrogant, insensible et prétentieux, ce petit homme qui « n'aime pas ceux qui sont grands » (p. 62) tente parfois d'assoir son pouvoir par la force (il est boxeur dans la catégorie poids léger), mais personne n'est dupe et son autorité est toute relative face aux hommes de caractère.

LA FEMME DE CURLEY

La femme de Curley est une jeune fille vulgaire et banale (le roman ne lui donne d'ailleurs aucun nom) qui a épousé son mari pour son argent et à défaut d'un meilleur parti. Provocatrice (elle est toute vêtue de rouge et prend volontiers des pauses aguicheuses), elle se livre à un jeu constant de séduction avec les saisonniers pour tuer le temps. Amère, elle utilise lâchement sa supériorité pour humilier les plus faibles (Crooks et Candy en particulier).

LES SAISONNIERS

Les saisonniers sont des hommes simples qui portent tous « un pantalon bleu et une veste en toile » (p. 71). Souvent solitaires, ils travaillent comme des bêtes pour quelques dollars par semaine et dépensent tout le weekend en alcool et en filles pour « se soulager le système » (p. 101). Ils rêvent tous d'une vie meilleure, mais la rudesse de leurs conditions d'existence les cloue à leur destin.

Leur pouvoir, très relatif et temporaire, vient de leur alliance : Candy et Crooks parviennent par exemple à rester dignes en tenant tête un moment à la femme de Curley. Mais la peur de perdre leur travail et leur individualisme les contraint à garder une distance entre eux et à se méfier les uns des autres malgré une affection naturelle.

Les saisonniers, qui occupent une place centrale dans le roman, peuvent eux-mêmes être répartis en deux groupes :

Les plus forts

Parmi les plus forts, on trouve :

- Carlson, un homme robuste et gros. Personne n'ose ou ne veut le contredire quand il décide d'abattre le chien de Candy ;
- Slim, un brave roulier, respecté par tous. Il est celui qui dirige le ranch concrètement ;
- Whit, le plus jeune, déjà vouté par le travail ;
- George Milton, un homme « petit et vif, brun de visage avec des yeux inquiets et perçants, des traits marqués » (p. 29). Il forme avec Lennie le duo principal de l'histoire. George est un homme intelligent, franc, spontané et généreux qui a décidé de s'occuper du gérant quand la femme qui l'a élevé est morte. Opposés sur bien des points, les deux hommes tirent leur force de leur union : la vivacité d'esprit de l'un associée à la force prodigieuse de l'autre leur permet de survivre. Son nom fait référence à un des modèles littéraires de Steinbeck, John Milton (poète anglais, 1608-1674 ; auteur notamment d'un grand poème biblique, *Le Paradis perdu*, dont la thématique rappelle le rêve de George et Lennie).

Les plus faibles

Parmi les plus faibles, on trouve :

- Lennie Small, le contraire de George d'un point de vue physique : c'est « un homme énorme, à visage informe, avec de grands yeux pâles et de larges épaules tombantes ». Mentalement attardé, ce géant au bon cœur est souvent comparé à un animal (p. 29 et 37) ou à un enfant (p. 85). Innocent, maladroit, sensible et bête, il est incapable de vivre de manière autonome et s'en remet toujours à George pour guider son existence. Il est incontestablement le plus fort de tout le ranch d'un point de vue physique, mais sa bêtise le place souvent en position de faiblesse (George domine clairement leur couple et le rend responsable de tous leurs malheurs ; Curley passe sa colère sur lui). Son nom, antithétique au regard de sa force (*small* signifie « petit » en anglais), renvoie à cette faiblesse ;
- Candy, un vieil homme à barbe blanche usé par la vie (il a d'ailleurs perdu sa main gauche au travail). Son infirmité le relègue aux corvées ménagères et son âge fait qu'il ne suit plus les autres lors de leurs sorties en ville. Il a peur de mourir seul car il sait que quand il sera devenu encombrant, on ne voudra pas l'achever comme Carlson l'a fait avec son chien ;
- Crooks, le palefrenier noir et infirme, se situe au degré le plus bas dans la hiérarchie du ranch. Il n'est qu'un nègre, un être inférieur et on l'exclut : il est le seul à dormir dans la sellerie où aucun autre saisonnier n'a l'habitude de venir (Lennie est le premier). Personne ne

lui parle et il ne peut même pas jouer aux cartes avec les travailleurs parce qu'ils disent qu'il sent mauvais. Il est pourtant le plus adroit au lancer de fer à cheval et le seul à lire des livres.

CLÉS DE LECTURE

HUMANITÉ ET ANIMALITÉ

Une comparaison qui structure le roman

Le titre de ce roman de Steinbeck est inspiré d'un vers du poète préromantique britannique Robert Burns (1757-1796) : *The best laid schemes o'mice an'men gang aft a-gley*, signifiant « Les plans les mieux conçus des souris et des hommes souvent ne se réalisent pas. » Ce titre sous-entend que les animaux et les hommes sont proches les uns des autres à l'échelle de la nature (ce sentiment est renforcé en anglais par l'allitération qui unit symboliquement les deux espèces : « mice an' men ») et que l'homme, malgré ses prétentions, n'est qu'une bête parmi d'autres.

Cette filiation revient tout au long du roman :

- Lennie, en raison de son apparence, de sa simplicité d'esprit et de son côté instinctif, est ainsi comparé à un ours (p. 29 et 166), à un cheval (p. 29) et à un chien (p. 37 et p. 124) ;
- les hommes sont régulièrement comparés à des chiens (p. 110), à des rats (la femme de Curley est un véritable « piège à rat » selon George, p. 70) et à des lapins (pour Lennie, les rentiers sont des lapins, p. 102 ; la femme de Curley compare ses amants à des lapins, p. 135) ;

- les femmes sont assimilées à des poules (p.102) ou à des poulets (p.133), ce qui est d'ailleurs assez fréquent dans le langage courant.

Deux histoires secondaires illustrent encore ce parallélisme :

- les chiots de Slim. Slim est obligé de tuer la moitié de ses jeunes chiots, les plus faibles, pour que les autres puissent survivre ; le cadavre de la femme de Curley repose dans l'écurie à côté de celui du chiot tué accidentellement par Lennie ;
- le chien sénile du vieux Candy. Candy se traine toute la journée comme son vieux compagnon, mais n'aura même pas le droit d'être exécuté comme celui-ci quand les autres le trouveront encombrant et inutile ; Crooks, en raison de son odeur, est maintenu à l'écart (il vit dans l'écurie), or c'est la puanteur du chien qui incite Carlson à l'abattre. Le palefrenier nègre est ainsi implicitement comparé à un chien.

Un lien fort avec le contexte de la Grande Dépression

Le krach boursier de 1929 marque le début d'une crise sociale et économique sans précédent aux États-Unis. En prenant pour contexte les années trente qui ont suivi cet évènement, c'est-à-dire la période de la Grande Dépression, et en multipliant les comparaisons avec l'animal, le roman suggère que la plupart des hommes et des femmes de cette époque étaient réduits à vivre et à travailler comme des bêtes, à lutter les uns contre les autres comme des chiens pour pouvoir survivre.

Mais il serait réducteur de limiter la portée du message de Steinbeck à la seule Californie des années trente. Il semble en effet qu'à travers l'histoire de George et Lennie, à travers ce monde clos et immuable qu'est le ranch, où les hommes ne font que passer pour gagner de l'argent et mourir un peu plus loin, Steinbeck esquisse un portrait de la condition humaine, pessimiste mais non dénué d'espoir.

De plus, le couple formé par George et Lennie peut être perçu comme la représentation de deux aspects de la nature humaine, indépendamment de tout contexte : le premier incarne la raison, l'esprit, l'intelligence et le second (« son contraire », p. 29) incarne l'instinct, la sensibilité, la part animale de l'homme.

Une fin annoncée

Plusieurs éléments annoncent la fin tragique du roman. Ce déterminisme narratif correspond à une vision du monde pessimiste, mais teintée cependant d'un peu d'espérance.

Un peu d'espoir ...

Jusqu'à la fin de la cinquième partie, le lecteur est invité à croire que la réalisation du projet de George et Lennie est encore possible. Certes, ce dernier trahit à plusieurs reprises sa promesse de silence, mais plus il parle, plus les autres personnages se rallient à leur rêve et plus leur future communauté grandit, plus ce rêve semble se concrétiser. Le lecteur est ainsi invité à espérer avec eux : ils seront peut-être capables d'échapper au destin immuable des hommes de la région.

Mais une fin malheureuse programmée par plusieurs indices

- Le titre, si on connait le vers de Burns auquel il fait référence, est déjà en soi pessimiste (« Les plans les mieux conçus des souris et des hommes souvent ne se réalisent pas »).
- Le système des personnages tel qu'il est conçu et l'univers de référence du roman (un monde fait de violence, de pauvreté et d'individualisme), créent une chaine d'oppression dont un maillon doit sauter à un moment donné. L'amitié entre Lennie et George y fait figure d'exception et il est d'ailleurs significatif qu'elle se brise de l'intérieur : George supprime Lennie alors qu'il aurait pu fuir avec lui.
- Le nom d'un des protagonistes (George Milton) annonce par un clin d'œil littéraire que la petite ferme que les héros pensent pouvoir acheter est un paradis déjà perdu.
- Lennie, bourreau bien malgré lui, est à plusieurs reprises mis en garde par les autres (principalement par George). Les interdictions auxquelles il doit se soumettre paraissent simples à respecter : il doit se taire, éviter les filles et faire attention aux êtres les plus vulnérables (les chiots entre autres). Mais ce colosse aux mains dévastatrices, guidé par son cœur et son instinct, en est incapable dès le début du roman. Dès la

première partie, on sait que Lennie n'a pu s'intégrer à une petite société d'hommes prétendument normaux (le ranch de Weed) sans causer de problèmes. Au fil du temps, il multiplie les transgressions et les conséquences sont de plus en plus graves : il tue une souris, puis un chiot et, enfin, un être humain, avant de perdre lui-même la vie.

- Au niveau textuel, quelques passages sont même prémonitoires :
    - l'obscurité qui emplit peu à peu l'écurie dans la cinquième partie annonce indirectement au lecteur un évènement tragique : la mort de la jeune fille, et donc la fin du rêve de Lennie ;
    - la description des environs de la rivière annonce le dénouement, si on la compare avec celle de la première partie. Au début, la nature qui entoure George et Lennie semble calme et harmonieuse et le texte en rend compte par une isotopie de la vie : « des saules d'un vert jeune quand arrive le printemps » (p. 27) ; « un sentier battu par les enfants qui descendent des ranchs pour se baigner dans l'eau profonde » (p. 28), etc. À la fin du livre, ce même décor a changé : à l'harmonie entre les espèces succède la lutte naturelle (le héron du début mange désormais un serpent avant d'être chassé par Lennie), à la vie endormie succède la mort paisible (p. 165) : « tout se trouvait baigné dans une ombre plaisante » ; « les feuilles mortes » ; « de légères risées froissèrent la surface de l'eau verte ».

Le roman multiplie ainsi les indices plus ou moins directs et plus ou moins discrets qui préfigurent un échec inévitable. Il est la métaphore d'une société dans laquelle chacun construit des rêves qui généralement ne se réalisent pas.

PISTES DE RÉFLEXION

QUELQUES QUESTIONS POUR APPROFONDIR LA RÉFLEXION...

- Décrivez George et Lennie en les opposant.
- Expliquez le titre de l'œuvre.
- Quelle est la vision des femmes véhiculée dans ce roman ? En va-t-il de même dans les autres œuvres de Steinbeck ?
- Relevez et expliquez la comparaison établie tout au long du roman entre les hommes et les animaux.
- En quoi ce roman fait-il écho au contexte historique dans lequel il a vu le jour (les années trente) ?
- Le portrait que Steinbeck dresse de la condition humaine vous semble-t-il optimiste ou pessimiste ? Nuancez votre réponse.
- Plusieurs éléments annoncent la fin tragique de l'œuvre. Lesquels ?
- À votre avis, pourquoi George tue-t-il Lennie à la fin du roman ?
- De quoi le nom de George Milton est-il révélateur ?

POUR ALLER PLUS LOIN

ÉDITION DE RÉFÉRENCE

- Steinbeck J., *Des souris et des hommes*, Paris, Gallimard, coll. « Folio », 1955.

ADAPTATIONS

Comme de nombreux romans de Steinbeck, *Des souris et des hommes* a fait l'objet de plusieurs adaptations. Nous n'en retiendrons que quelques-unes :

- *Des souris et des hommes*, film américain de Lewis Milestone, avec Burgess Meredith et Lon Chaney Jr, 1939 ;
- *Des souris et des hommes*, téléfilm québécois de Paul Blouin, avec Hubert Loiselle et Jacques Godin, 1971 ;
- *Des souris et des hommes*, pièce mise en scène par Robert Hossein au théâtre de Paris, 1975 ;
- *Des souris et des hommes*, film américain de Gary Sinise, avec Gary Sinise et John Malkovich, 1992 ;
- *Des souris et des hommes*, bande dessinée, scénario et dessin de Pierre-Alain Bertola, 2009.

SUR LEPETITLITTÉRAIRE.FR

- Commentaire de l'incipit de *Des souris et des hommes* de John Steinbeck
- Fiche de lecture sur *La Perle* de John Steinbeck
- Questionnaire de lecture sur *Des souris et des hommes*

Retrouvez notre offre complète sur lePetitLittéraire.fr

- des fiches de lectures
- des commentaires littéraires
- des questionnaires de lecture
- des résumés

Anouilh
- Antigone

Austen
- Orgueil et Préjugés

Balzac
- Eugénie Grandet
- Le Père Goriot
- Illusions perdues

Barjavel
- La Nuit des temps

Beaumarchais
- Le Mariage de Figaro

Beckett
- En attendant Godot

Breton
- Nadja

Camus
- La Peste
- Les Justes
- L'Étranger

Carrère
- Limonov

Céline
- Voyage au bout de la nuit

Cervantès
- Don Quichotte de la Manche

Chateaubriand
- Mémoires d'outre-tombe

Choderlos de Laclos
- Les Liaisons dangereuses

Chrétien de Troyes
- Yvain ou le Chevalier au lion

Christie
- Dix Petits Nègres

Claudel
- La Petite Fille de Monsieur Linh
- Le Rapport de Brodeck

Coelho
- L'Alchimiste

Conan Doyle
- Le Chien des Baskerville

Dai Sijie
- Balzac et la Petite Tailleuse chinoise

De Gaulle
- Mémoires de guerre III. Le Salut. 1944-1946

De Vigan
- No et moi

Dicker
- La Vérité sur l'affaire Harry Quebert

Diderot
- Supplément au Voyage de Bougainville

Dumas
- Les Trois Mousquetaires

Énard
- Parlez-leur de batailles, de rois et d'éléphants

Ferrari
- Le Sermon sur la chute de Rome

Flaubert
- Madame Bovary

Frank
- Journal d'Anne Frank

Fred Vargas
- Pars vite et reviens tard

Gary
- La Vie devant soi

Gaudé
- La Mort du roi Tsongor
- Le Soleil des Scorta

Gautier
- La Morte amoureuse
- Le Capitaine Fracasse

Gavalda
- 35 kilos d'espoir

Gide
- Les Faux-Monnayeurs

Giono
- Le Grand Troupeau
- Le Hussard sur le toit

Giraudoux
- La guerre de Troie n'aura pas lieu

Golding
- Sa Majesté des Mouches

Grimbert
- Un secret

Hemingway
- Le Vieil Homme et la Mer

Hessel
- Indignez-vous !

Homère
- L'Odyssée

Hugo
- Le Dernier Jour d'un condamné
- Les Misérables
- Notre-Dame de Paris

Huxley
- Le Meilleur des mondes

Ionesco
- Rhinocéros
- La Cantatrice chauve

Jary
- Ubu roi

Jenni
- L'Art français de la guerre

Joffo
- Un sac de billes

Kafka
- La Métamorphose

Kerouac
- Sur la route

Kessel
- Le Lion

Larsson
- Millenium I. Les hommes qui n'aimaient pas les femmes

Le Clézio
- Mondo

Levi
- Si c'est un homme

Levy
- Et si c'était vrai…

Maalouf
- Léon l'Africain

Malraux
- La Condition humaine

Marivaux
- La Double Inconstance
- Le Jeu de l'amour et du hasard

Martinez
- Du domaine des murmures

Maupassant
- Boule de suif
- Le Horla
- Une vie

Mauriac
- Le Nœud de vipères

Mauriac
- Le Sagouin

Mérimée
- Tamango
- Colomba

Merle
- La mort est mon métier

Molière
- Le Misanthrope
- L'Avare
- Le Bourgeois gentilhomme

Montaigne
- Essais

Morpurgo
- Le Roi Arthur

Musset
- Lorenzaccio

Musso
- Que serais-je sans toi ?

Nothomb
- Stupeur et Tremblements

Orwell
- La Ferme des animaux
- 1984

Pagnol
- La Gloire de mon père

Pancol
- Les Yeux jaunes des crocodiles

Pascal
- Pensées

Pennac
- Au bonheur des ogres

Poe
- La Chute de la maison Usher

Proust
- Du côté de chez Swann

Queneau
- Zazie dans le métro

Quignard
- Tous les matins du monde

Rabelais
- Gargantua

Racine
- Andromaque
- Britannicus
- Phèdre

Rousseau
- Confessions

Rostand
- Cyrano de Bergerac

Rowling
- Harry Potter à l'école des sorciers

Saint-Exupéry
- Le Petit Prince
- Vol de nuit

Sartre
- Huis clos
- La Nausée
- Les Mouches

Schlink
- Le Liseur

Schmitt
- La Part de l'autre
- Oscar et la Dame rose

Sepulveda
- Le Vieux qui lisait des romans d'amour

Shakespeare
- Roméo et Juliette

Simenon
- Le Chien jaune

Steeman
- L'Assassin habite au 21

Steinbeck
- Des souris et des hommes

Stendhal
- Le Rouge et le Noir

Stevenson
- L'Île au trésor

Süskind
- Le Parfum

Tolstoï
- Anna Karénine

Tournier
- Vendredi ou la Vie sauvage

Toussaint
- Fuir

Uhlman
- L'Ami retrouvé

Verne
- Le Tour du monde en 80 jours
- Vingt mille lieues sous les mers
- Voyage au centre de la terre

Vian
- L'Écume des jours

Voltaire
- Candide

Wells
- La Guerre des mondes

Yourcenar
- Mémoires d'Hadrien

Zola
- Au bonheur des dames
- L'Assommoir
- Germinal

Zweig
- Le Joueur d'échecs

Et beaucoup d'autres sur lePetitLittéraire.fr

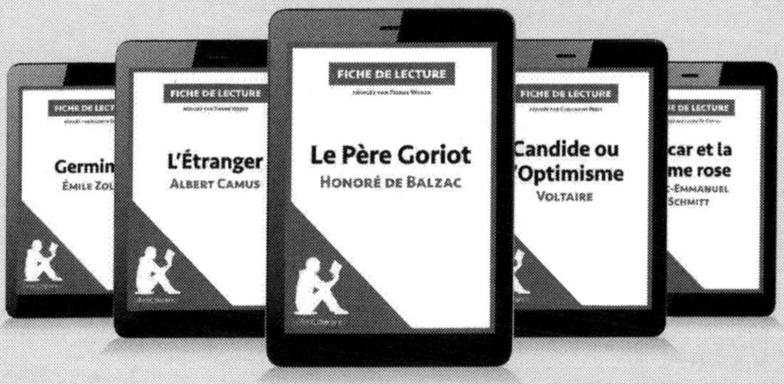

www.lepetitlitteraire.fr

ISBN version imprimée : 978-2-8062-1275-7
ISBN version numérique : 978-2-8062-1760-8
Dépôt légal : D/2013/12.603/320

Printed by Amazon Italia Logistica S.r.l.
Torrazza Piemonte (TO), Italy

23174056R00016